Índice

Até passar
Guia dos Vestibulandos de Sucesso.

Recado Inicial

Salve, salve, meu povo!

Primeiramente, quero deixar claro que sei o que você está passando; sei como está se sentindo; sei como é a pressão de **ter que passar** e também sei que só temos dois resultados: realizar seu sonho *este ano* ou o *ano que vem!*

Ah... fala a verdade, vai: você já pensou que eu iria dizer *"não passar"*! Isto não existe aqui! Como dizem as provas do vestibular: *Leia atentamente o título deste livro:* **Até passar!!!** *Não tem negativa aqui!*

Ah! Também sei que o seu ano é corrido, que você tem mil matérias para estudar e apenas 365 dias, ou melhor, por volta de 317, se você descansar aos domingos e começar a estudar no dia 1° de janeiro... rs. Claro que não!!! *(Cadê o emoji do menininho pretinho com a mão na cara?!)*

Brincadeiras à parte, sei que é muita matéria para pouco tempo, e a carga de leitura, seja você de qual área for, é gigantesca: matérias e listas de livros. Fora isso, há muita gente que não gosta de ler, infelizmente. Se este for o seu caso, trata de mudar esse hábito agora mesmo!

Contudo, é sabendo disto que meu texto *é* e *será didático*, simples de entender e objetivo, para que você não perca tempo de estudo e só volte para cá caso seja necessário. Minha maior preocupação é te dar a estratégia certa para que você passe no vestibular que escolher o mais breve possível. Preparado? Vamos lá?

Compositor de destinos
Tambor de todos os ritmos
tempo tempo tempo tempo

Caetano Veloso

Apresentações

Afinal, você deve estar se perguntando: *"Quem é este cara? Como ele sabe o que estou passando?"*. A principal pergunta que os alunos de cursinho fazem é: *"Será que ele sabe do que está falando?"* (emoji da carinha amarela dos olhos pra cima).

Todo professor tem que provar que sabe, sobretudo, se é novo na escola ou nos cursinhos e não tem uma fala erudita, assim como eu não tenho. Percebeu, né?! Vamos lá...

Meu nome é Marcelo Oliveira, conhecido como Cello Oliveira, sou formado em História pela Unesp de Assis, e leciono em cursinhos pré-vestibulares e escolas desde 2008. Fora isto, sou artista, músico, compositor, estudo psicanálise e marketing digital, mas estas formações não vêm ao caso.

O que importa aqui é a minha experiência com os vestibulares, tanto como professor quanto como aluno. Na verdade, mesmo, o que te interessa é o resultado que tive nestes dois lugares.

Como eu posso te ajudar?
Como a leitura deste livro pode te beneficiar e fazer com que você realize o seu sonho?
Aqui, vou compilar toda a minha experiência nesses 13 anos como professor e mais 3 anos como aluno.

- O que dá certo?
- O que dá errado?
- Como estudar?
- O que estudar primeiro?
- E por último?
- Quantas horas por dia?
- Por quanto tempo?
- E simulado? Realmente me interessa?
- Como enxergar as pegadinhas?
- Como ler as questões?
- E, para mim, a mais importante de todas: o que cursar e onde cursar?

Antes de começar a responder a todas estas perguntas, vou falar um pouco mais sobre mim, tá? Te contei que sou professor de História em cursinho pré-vestibular, mas quem e como eu era quando estudante?
Bora ver!

O Marcelo Estudante.

Já começo dizendo que tenho muito orgulho de ser o que sou e que ralei muito para chegar até aqui. Mas o que quero frisar é:

- *Eu não era o número 1 da sala;*
- *tampouco estudei em bons colégios;*
- *voltei a estudar depois de 4 anos parado.*
- *o Enem era recente e tinha um cálculo louco que somava por volta de 3 pontos na média da primeira fase de alguns vestibulares, ou coisa assim;*

Ou seja, **se eu consegui, você também consegue!**

Adoro dizer esta frase! Não tem desculpas, você não é pior estudante do que eu fui na minha época, sem contar a minha estrutura social, que neste país conta muito: ser negro, morador de São Matheus, periferia da ZL de São Paulo, das décadas de 80 e 90... O bagulho era louco, e com força!

Em resumo, eu era o bagunceiro da sala, integrante da turma do fundão quase sempre, mas a minha condição de morador da periferia de São Paulo me forçava a fazer algo a mais. Era estudar ou entrar para o crime. Dicotomia simples e cruel, ao mesmo tempo.

- Sempre odiei História com toda a minha força.

- Eu não sabia, mas o que eu odiava mesmo eram os professores e suas metodologias:

- Por que tenho que copiar a lousa sendo que a professora escrevia a mesma matéria que já estava escrita no meu livro? Maaaaano!

- Por que catzo eu tinha que decorar 20 questões para responder só 10? Literalmente, era fazer um ctrl+c e um ctrl+v. Ai de você se errasse uma vírgula!

- O que eu tenho a ver com o @#$K do Cabral que chegou em 1500? Etc.

Entendeu quem eu era, como era o ensino e como o nível dos meus estudos era muito básico e raso? Eu nunca aprendi a estudar de verdade, muito menos a ter prazer nisto!

Por anos, o castigo de algumas professoras era dar um livro pra gente ler. Agora, fala sério, como eu iria gostar de leitura sendo que a minha associação com ela era um castigo? *(Emojis em ação, escolha o seu!)*

Adivinha o que aconteceu?

Fui estudar, obrigado pelo meu pai, porque ele conhecia muito bem a dicotomia que eu mencionei acima.

Então, me formei torneiro mecânico, *não arrumei nada.* Depois, fiz técnico em saneamento básico, trabalhei na Solvay e *briguei com meu chefe.*

Estudei Telecomunicações, e *briguei com o outro chefe*, fora ter feito várias coisas na vida que não vou citar para não me alongar. Na briga com este meu último chefe, eu tinha acabado de fazer um teste e ganhar uma promoção, mas estava com o saco tão cheio que pedi demissão.

Foi até engraçado, porque o Mozart do RH me recebeu cheio de sorrisos, achando que eu iria subir de cargo, mas eu estava lá para assinar as minhas contas.

Foi assim até os meus 22 anos, depois de me lascar 8 anos na mão de vários chefes, que cheguei à conclusão de que precisava de fazer uma faculdade. Particular nem pensar, pois não tinha bolsa e nem grana.

O que sobrou foi a pública. Ué... bora pra pública! Foi aí que eu soube que "pública" significava USP, UNESP, UNICAMP, etc, etc, etc. *(Emojis?)*

Resultado:

No primeiro ano tentando, fiquei com uma mina gata demais, desacreditei e **não passei nem na porta da faculdade!** Nesta época, eu estava na Solvay, meu chefe falou que eu não tinha idade para ganhar dinheiro. *(mais um emoji pra essa fala ridícula?!)*

No segundo ano, arrumei o amor da minha vida por mais 5 anos e **não passei nem na primeira fase!** Em resumo: ***feliz no amor mas nos estudo, só por Deus!*** Já trabalhava na empresa de telecom que foi comprada pela Telefônica. Aí pensei: deu né?! Chega... agora eu passo!

No terceiro ano, me mudei para Taubaté e fui morar na casa de meus avós para estudar num lugar onde não conhecia ninguém. Nesta época, eu já era músico e já tocava nas noitadas; ou seja, se eu ficasse em São Paulo, era mais um ano de bomba.

Pela primeira vez na vida, eu era o primeiro da fila, não trocava ideia com ninguém e estava vidrado nas matérias que já tinha ouvido falar bem de longe nos últimos dois anos. Até meados de junho de 2003, eu estava na mesma, só mudei de lugar: de casa e de carteira.

Um belo dia, meu tio, que era professor de Literatura, tio André (que me ajudou muito na minha vida universitária), recebeu um ex-aluno que estudava na Unicamp, e os dois ficaram falando da universidade e diziam com todas as letras que lá não entrava qualquer um e que, para passar no vestibular, tinha que estudar muito e seriamente. Só as pessoas inteligentes passam *(emojis?)*.

Sabe aquela conversa embebida de ego de um povo que acabou de entrar na universidade? De 10 palavras que eles falam, 11 são o nome da faculdade *(se for pública, então, aff)!* Fiquei puto da vida! Eles repetiam estas frases e nomes de cinco em cinco minutos!

À noite, eu estava chorando na cozinha e meu avô, meu anjo da guarda, veio e me disse com carinho, mas muito sério, duro e direto: *"Vai deixar eles falarem isto de você? Vai mesmo ser chacota dos outros?"*. Eu disse: *"Não vô!"*. Ele: *"Então, estuda! A partir de hoje, você vai estudar o dia todo, só vai parar para comer, beber, dormir e ir ao banheiro. Só! Está me ouvindo?!"*. E olhou bem na bolinha do zóio.

Meu avô José mudou o meu jogo! **GAME CHANGE!** *(carinha amarela com corações nos olhos)*. Ele era a maior referência da minha família!

Gratidão profunda, *Vô*, onde quer que o senhor esteja. Sua benção!

A partir daí, foram 16 horas de estudo todos os dias, sem parar nem aos domingos. Fui falar com meu tio, que tinha me zoado, para ele me ensinar redação. Ele me massacrou. Pintava minhas redações de vermelho, mostrando meus erros da primeira à última linha.
Hoje, agradeço toda a força que ele me deu: Gratidão, tio Deco *(coração)* !!!

Mano, eu sofri de verdade, com força, tá ligado?! Sabe aqueles filmes de ação que mostram o treinamento dos protagonistas antes da luta final? Tipo Creed?

Foi exatamente isto!

Foi assim que, em 2004, eu **vi meu nome na lista dos aprovados da Unesp** e na **lista de espera da USP**.

Entrei... nem acreditava!

Foi uma das melhores sensações da minha vida. O sabor de uma vitória depois de muita luta, sabe?

A autoconfiança e autoestima que estavam no pé foram pra Lua!

Bora sentir tudo isto também?

Agora que você sabe um pouco da história de quem está falando como aluno, vamos iniciar os trabalhos e começar respondendo a todas as questões que venho respondendo nos últimos treze anos como professor.

Ah, para deixar claro: ex-alunos meus que passaram em diversos vestibulares em variados cursos já passam da centena; perdi a conta. O método funciona!

Para que serve o vestibular?

Você já se perguntou isso: *Afinal, para que serve o vestibular?* Tem várias respostas, sobretudo de cunho político, mas vamos para sua efetividade, lembre-se de que você tem pouco tempo e muita matéria para estudar.

As respostas dos alunos sempre são: *"Para selecionar os mais inteligentes; os mais preparados; separar o joio do trigo e blá, blá, blá"* (emojis neles).

Para de romantizar o processo, por favor! A resposta é: muita gente para poucas vagas. Logo, é preciso escolher quem entra e quem não entra. É um processo de exclusão, na verdade!

Você é maior que o vestibular !!!

Cria-se uma prova baseada no conteúdo de sua vida escolar e seleciona-se quem acertar mais questões nesta prova específica. Isso, simples assim! Não vou aqui me aprofundar no debate sobre o vestibular nem sobre a educação, também tenho opiniões sobre esses assuntos.

Caso você queira fazer uma revolução como a Primavera Árabe, aí sim, a gente se aprofunda e vai para outro lugar, num outro e-book ou escrita, beleza?! O objetivo aqui é jogar o jogo que está posto, então, bora!

Muitas vezes o problema deste processo está no **emocional.**

1. Quebrando a primeira objeção!

Imagina que eu pinte uma faixa branca de 30cm de largura e 5m de comprimento e peça para você atravessar. Você fará isto de boa, caso não sofra um problema de labirintite ou outro problema de ordem física, certo?! Isto é seu estudo cotidiano na sala de aula, uma vez que você realmente aprenda a matéria, mesmo quando não gosta dela.

Agora, imagine esta mesma faixa, com as mesmas medidas, e você com a mesma condição saudável para atravessar, como fez na primeira vez. A única diferença é que esta faixa virou uma coluna que liga dois prédios de 40 andares acima. Você atravessaria do mesmo jeito?

Ah, mas tem o vento, a pressão, a umidade do ar e qualquer outra objeção física. Neste meu exemplo hipotético, as condições são iguais. Você atravessaria? De boa? Na mesma tranquilidade?

Isto é o vestibular, isto foi a sua prova, o que te deu um branco na hora! Entende como o seu emocional, nesta hora, pesa e conta muito?! É a hora da verdade: vai e brilha!!! É aí que o bambu geme, entende?!

Para você quebrar esta primeira objeção vamos a uma regra prática, simples e direta: **treine como se fosse enfrentar um leão para que, na hora da verdade, você enfrente um gatinho!**

Você não enfrentará nenhum deles; deixe os animais em paz, foi só uma figura de linguagem.

Vou dar um exemplo: quem é das artes, como eu, bem sabe disto: se você é músico e tem uma apresentação para uma plateia lotada e ansiosa para te ver, o que você faz?

Para se apresentar sem erros, **o músico precisa treinar excessivamente antes!** É somente o treino excessivo que traz a tranquilidade necessária.

Você já treinou tanto que, na hora de tocar ou cantar, não vai estar preocupado com a técnica, com o som, com o nervosismo de estar diante do público, e sim com a emoção e interpretação da música.

Um violonista que vai solar, por exemplo: a música estará em 60 bpm no dia da apresentação, mas ele treina o mesmo solo a 120bpm ou até 150 bpm. A velocidade da técnica no treino mais do que dobra, para que o corpo crie uma memória e aquele solo no dia não saia errado. Pegou?!

Outro exemplo: você já assistiu a uma apresentação perfeita de ballet? Já observou a beleza dos pés da bailarina com a sapatilha? Agora, te pergunto: já viu os pés da bailarina sem as sapatilhas, após dias e dias de ensaios antes de uma apresentação? Quem é da dança sabe do que estou falando!

Posso aqui enumerar vários outros exemplos, mas acho que consegui ilustrar o que preciso dizer: ***seu treino excessivo é que vai te tranquilizar no dia do vestibular*** *quando você entrar numa sala lotada com todas as pessoas que tem o mesmo nome que o seu, e você não vai nem ligar para a velocidade com que a pessoa do lado faz uma questão.*

O que cursar e onde cursar?

Para mim, o principal assunto do livro, aquele que decide a sua vida como vestibulando! Aqui moram dois grandes dilemas que passo a vida enfrentando: **os pais** e **o dinheiro.**

Os pais

É um problema recorrente para muitos alunos, sejam eles de qualquer classe social. Primeiramente, quero deixar **bem frisado** que todos os pais que são pais e mães de verdade, sejam biológicos, de criação ou consideração, **SEMPRE** querem *o melhor* para seus filhos!

Onde está o problema? Na falta de diálogo familiar.

A gente nunca sabe o que é melhor para nós mesmos, efetivamente, haja visto o meu exemplo e o de milhares de pessoas que mudam de profissão no decorrer da vida; imagina saber o que é melhor para o outro?! Mesmo que este outro seja filho, ou a pessoa que mais amamos nesta vida! A individualidade do ser, aqui, é o que prevalece para a felicidade de cada um.

Geralmente, o que acontece nos cursinhos e nos terceiros anos do ensino médio é o embate entre a vontade do aluno e a vontade dos pais quando estas não são as mesmas.

É um momento delicado em que o aluno, na grande maioria das vezes, ou não sabe o que quer, mas já tem indícios, ou já tem certeza do que quer, mas não coincide com a projeção que os pais têm para eles.

Pela minha experiência, isto varia de classe social para classe social, mas sempre ocorre: caso os pais sejam profissionais bem-sucedidos ou grandes empresários, querem que seus filhos sigam os seus passos; já quando os pais têm uma profissão que é árdua e, infelizmente mal remunerada, projetam outra profissão para seus filhos.

Em ambos os casos, seja pela abundância ou escassez, sempre há um caso de amor projetando o melhor para os seus filhos. Tem um detalhe: a vontade deste filho, que é o vestibulando e, provavelmente, o leitor deste livro.

2. Quebrando a segunda objeção!

É preciso uma conversa séria com seus pais, mostrando a eles suas vontades e pontos de vista. O que você deseja, almeja, gosta de fazer e se imagina fazendo. Tem muitas pessoas que estão estudando e nunca pensaram nisto.

A regra de **ouro** é: *quem trabalha com o que gosta, não trabalha!* Pensa: se você faz isto de graça, imagina ganhando para isso?! Certamente, você será um excelente profissional!

Entretanto, há um porém: é preciso fazer uma análise séria de mercado. Talvez existam duas, três ou mais profissões que você goste e uma delas pode coincidir com a vontade de seus pais. Vocês certamente chegarão num consenso e saberão o que será melhor para você! Conversem com calma e muito respeito.

Nem sempre se entra num consenso de maneira rápida e fácil, mas as intenções estão postas e, no fim, sempre dá certo. Uma dica que pode ajudar, são sites que falam sobre profissões e testes vocacionais. Certamente, você não conhece todas as profissões do mundo e, quem sabe, você encontre a sua onde menos imagina!

Profissão x Dinheiro

Outro grande dilema é a grana, bufunfa, pataco, aqué, faz-me-rir, money ou como quiser chamar. Muitos alunos e pais de alunos escolhem a profissão dos filhos pelo dinheiro que se imagina ganhar! Aqui se encontra outra objeção que precisamos quebrar.

3. Quebrando a terceira objeção!

Tenho aqui que fazer uma pequena introdução sobre a questão financeira e quebrar algumas crenças, devido ao desconhecimento sobre educação financeira.

Qual a profissão que dá dinheiro? Tá bom, vai: e qual a profissão que não dá dinheiro?

Você já parou para pensar que ter ou não ter grana muitas vezes tem maior relação em como você **gasta** seu dinheiro do que como quanto você **ganha?**

Exemplo: faz a soma aí — e olha que sou das humanas, hein! De um lado, temos a Telma, que ganha R$ 1.000,00/mês e tem um custo de vida muito apertado mas, no final, ela consegue guardar R$ 70,00 limpinhos no colchão, bem época de tataravó mesmo! Em cinco anos, ela possui R$ 4.200,00 e está com o nome limpo.

Do outro lado, temos o Tadeu, que ganha R$ 8.000,00/mês e sempre gasta muito no cartão de crédito, nunca paga a fatura total e sempre pede fiado ou emprestado para alguém. O famoso caso do gasta-mais-do-que-ganha. Depois de cinco anos, embora a diferença salarial seja gritante, a pessoa que gasta menos sempre tem mais do que aquela que ganha mais e não aprendeu a gastar.

Parece estória da Carochinha, mas é a situação de muitos brasileiros hoje em dia (era a minha também, ainda bem que mudei em tempo, rs)!

É claro que existem outras nuances, como ganhar mais, onde investir, como investir, etc. Mas a pergunta que fica aqui, neste exemplo é: qual a relação com a profissão?

Outra pergunta: você já viu um advogado muito bem-sucedido e outro desempregado? Mais uma: você já viu pessoas formadas que não exercem a profissão de formação e outras que nunca se formaram, ricas?

Outro caso famoso é a *profissão do momento.* Isto ou aquilo dá dinheiro! Aí, o *fulano de tal* vai, estuda isto, odeia o que faz, e não consegue um emprego, ou consegue e ganha uma grana, mas não sabe gastar, e adquire para si uma linda doença física, carregada de depressão. Só falta pular do prédio. Saca?!

Outro pensamento muito corriqueiro é: imagina se todo o planeta exercesse uma única profissão! Sei lá, todo mundo trabalha no mercado financeiro ou qualquer profissão aleatória porque dá grana. Quem fará a comida? Quem plantará a comida? Quem produzirá as roupas? Quem vai ensinar? Quem vai curar ou descobrir a vacina? Quem vai cuidar da sua depressão? E por aí vai. Se todos fizerem a mesma coisa, o mundo acaba, amiguinho!

Não é o tema deste livro, mas tenho aqui algumas sugestões para você pensar quando o assunto é dinheiro:

- Quais são suas crenças limitantes sobre o dinheiro?
- Como você planeja seus gastos e suas reservas?
- Como você investe seu tempo e conhecimento?
- Como você monetiza sua ação?

Tem muita gente boa falando sobre o tema. Corra atrás! A regra de **ouro** é: ***o dinheiro está diretamente ligado à energia da ação.*** Procure saber disto!

Se o seu objetivo é só a grana pela grana, pode ser que o vestibular nem seja o seu caminho.

Pense nisto (emoji da carinha amarela piscando)!

Como estudar?

Depois de entender a questão emocional e resolver as possíveis escolhas com seus familiares e ter ciência de como vai ganhar dinheiro com a profissão, vamos dar continuidade ao assunto. Bora para ação!

Muitas pessoas, após resolver estas questões acima citadas, caem na próxima objeção, a qual atrapalha seus sonhos de ingressar na faculdade: desconhecer a maneira como cada vestibular cobra seus vestibulandos.

4. Quebrando a quarta objeção!

Imagina se eu te oferecesse 1 milhão de reais caso você vencesse uma luta. Topas?! O problema é que esta luta é com o John Jones ou, no caso feminino, com a Amanda Nunes! Você venceria? Claro que não! Caso ache que sim, o que está fazendo parado aí? Bora ficar rico(a), famoso(a) e imbatível!

Outro caso: tem um milhão para quem vencer a corrida. *Nossa, tenho mais dinheiro que o paletó do Silvio Santos, rs!* O problema é que não expliquei se são 100 metros rasos ou maratona, e nem quem é o seu concorrente! Como você vai se preparar?

Mais um exemplo, vai: vamos jogar um jogo com bola. Eu jogo a bola para você e você a pega com a mão. É falta ou não? A resposta é: depende do jogo e de sua posição. Se for basquete, não seria. E se fosse futebol? Mesmo no futebol: e se você fosse o goleiro?

Entende quantas nuances existem nestes exemplos acima?

A regra de **ouro** é: *não dá para vencer num jogo que você não conhece a regra e nem quem é seu adversário.*

Muitos alunos querem passar em determinada faculdade e nunca na vida olharam para a prova dela. Como se preparar para tal?

Outra regra de **ouro** é: *conheça prova da universidade para a qual você prestará e conheça seus concorrentes* (infelizmente não era para concorrer, mas esse não é o caso). Quando digo para saber quem é seu concorrente, não digo para você fazer uma enquete para ver quem vai prestar a mesma prova que você e ficar seguindo a pessoa tipo um maníaco! Rs! Pelo amor, hein!!!!

Digo, conheça quantos candidatos existem por vaga e qual a nota de corte, ou seja; qual a menor nota do último candidato que passou no vestibular anterior do seu curso?

Exemplo: curso de História: 8 c/v (candidatos/vaga) e a nota de corte é 61. Quer dizer que, provavelmente, este ano eu vou concorrer com sete pessoas e que preciso, no mínimo, acertar 62 questões para passar no vestibular. Pegou? Sem esta prévia é impossível traçar um planejamento de estudo efetivo.

Agora, como estudar? (título deste capítulo)

Usando a música do Chico Buarque: *"Cada um sabe a dor e a delícia de ser o que é..."*.

Já viu aquele aluno que não anota nada e consegue aprender? E aquele que anota tudo? E aquele que ouve, anota e desenha?

Existem basicamente 3 maneiras de aprender: a visual, a auditiva e a sinestésica. Qual delas é a sua?

No cursinho pré-vestibular, ninguém vai cobrar nada de ti; é você que tem que saber e se observar: por qual caminho você absorve e aprende melhor tal conteúdo: escutando, olhando, escrevendo, desenhado ou tudo de uma vez? Você já conheceu **a prova e seus adversários**, agora se conheça!

Ah, só uma regra de **ouro:** embora você esteja concorrendo com o outro, no meio do processo, ***não se compare a ninguém.*** A comparação é uma luta na qual você sempre entra para perder, pois a grama do vizinho sempre vai ser mais verde que a sua. Siga o seu caminho e sempre o que é melhor para você, e não para o outro.

O que dá errado?

Simples, rápido, direto e categórico: NÃO ESTUDAR! Tem aluno que acha que engana o professor fazendo cara de intelectual ou colando no gabarito dos exercícios. Amigo... hei... psiu... você mesmo: o professor não vai prestar o seu vestibular, inclusive, ele já passou no vestibular e sabe como é para passar e quem está enrolando ou fingindo que estuda *(emoji do menininho pretinho com os braços abertos)*

Você só está **se** enganando. Quem vai tomar bomba é você. Acorda, filho(a)!!!!

Outro fator extremamente importante: o aluno que sempre faz a mesma matéria só para massagear o ego. Psiu... tem muita matéria para estudar! Aprendeu esta? Fez muitos exercícios e gabaritou? PRÓXIMA!!! Falarei sobre exercícios e gabaritar mais à frente!

Outra coisa que não dá certo é a falta de planejamento. Vai ter uma hora, geralmente depois do 3° mês de estudo, que você vai se perder no processo.

Vamos quebrar esta objeção no próximo capítulo.

O que dá certo?

"Me dê seis horas para derrubar uma árvore e eu passarei as 4 primeiras afiando o machado." Abraham Lincoln

5. Quebrando a quinta objeção!

Se a falta de planejamento te deixará perdido e é uma das causas de dar errado, logo, planejamento de estudo é a meta e o próximo passo para dar certo. Quando digo planejar, é PLANEJAR mesmo!

- O que estudar no ano?
- O que estudar no 1°, 2°, 3° e 4° bimestres?
- O que estudar em cada mês?
- O que estudar em cada semana?
- Quantas matérias existem?
- Em cada matéria, quantos assuntos?
- Em qual matéria eu sou bom?
- Em qual matéria eu sou ruim?
- Qual assunto eu domino?
- Qual eu preciso dominar?
- Existe alguma matéria ou assunto no qual eu estou tranquilo?
- Existe assunto que menos cai em provas?

Se você não tiver tudo isso na ponta da língua ou minimamente consciente, certamente você está se convidando a voltar para o cursinho o ano que vem!

Não se preocupe em copiar ou responder nada agora; eu te darei um questionário e um planejador de estudo no fim do e-book como bônus. Viu como eu sou legal?!

Como disse Lincoln: perca tempo no começo do ano e trace todo o planejamento para não se perder depois. Como é um processo longo, você certamente se perguntará: por que estou estudando isto? Isto é tão importante assim? Será, mesmo?

Aí, é só olhar para a parede do seu quarto, na sala, no banheiro, na agenda, no teto em cima da sua cama que você verá todo o planejamento do ano *(se não entendeu a piada: é para você colar e andar com planejamento em todo canto, tá!)* e não vai mais questionar, e só executar; tipo assim: estuda e ponto final, mente preguiçosa!

Quantas horas por dia?

Ensinamento pra vida: Sabe aquelas pessoas mais velhas que já passaram pelo o que você está passando e vivem falando sempre as mesmas coisas pra ti e você nem ouve? Estas pessoas adquiriram conhecimento de causa no decorrer da vida. Já aconteceu com você de alguém mais velho falar para ti: *"Não faça isto; não aceite isso; não vá por aquele lugar; se eu fosse você eu faria assim"*, etc... Pois é!!!

Estas pessoas já viveram o suficiente para ter aprendizado necessário neste tema. Isto é conhecimento empírico por meio de experiências vividas e é por isso que, na maioria das vezes, eles estão certos, e você, que não seguiu o conselho ,quebrou a cara! *Rs! Aconteceu várias vezes comigo! Meu Deus, como eu era teimosão... E a vida me disse: "Toma, então, sabido, esta é sua! Leva essa paulada pra casa!" kkkkkk.*

Tudo isto para te dizer que o ensinamento de **ouro** aqui é um conselho do mais velho mesmo, de gente que já viveu para aprender que: ***o tempo não volta e ele passa voando. Ele é a coisa mais valiosa que você tem! Vale muito mais que dinheiro, porque quem tem dinheiro compra tempo e esforço do outro!***

Posso ficar horas falando disto.. quem sabe rola outro livro?

Boa... Mas, voltando...

Este conselho e esta história servem para te indicar duas coisas importantes: o valor do tempo e o que é empirismo. São estes dois valores que ajudarão você responder à pergunta título do capítulo: **Quantas horas por dia eu preciso para estudar?** Muita gente me pergunta: *"Qual o tempo exato que preciso para passar no vestibular?"*.

Depende do planejamento que acabamos de afirmar e a qualidade das horas de estudo. Qualidade **vs** Quantidade – já ouviu falar disto, né? O melhor dos mundos é Qualidade **e** Quantidade juntas!

Geralmente, você inicia um planejamento e vai adaptando conforme o seu tempo e necessidade cotidianos. Exemplo: você, no começo, vai reservar um X de horas para tal assunto de determinada matéria, mas só vai saber o tempo exato para aprender esta matéria quando realmente estudá-la. Pode ser mais ou menos tempo.

O medidor de tempo depende de algumas variantes. A principal é **quanto tempo você leva para aprender** de fato **o assunto.** Mas, antes disto tem:

- Sua vida pregressa com estudante
- Seu tempo disponível
- O seu curso e a sua concorrência
- Seu grau de atenção
- Seu entusiasmo ou trauma com a matéria
- Seu ambiente de estudo
- E o seu foco

Vamos lá?!

- ***Vida pregressa como estudante:*** Dependendo de como era sua vida como estudante, você já possui muitas coisas necessárias para aprender, outras pessoas não. Tem gente que está há muito tempo sem estudar e perdeu o ritmo; tem gente que está há muito tempo sem estudar e nunca aprendeu a estudar, só frequentou a escola. Eu fui um destes. Tem gente que está estudando só por obrigação de ganhar nota na prova e pronto. Memoriza, faz a prova e esquece de tudo logo em seguida. Qual era a sua vida antes de estudar para o vestibular; ou mesmo antes de ler este livro?

- ***Seu tempo disponível:*** Isto varia de caso a caso. Trabalho, colégio, atividades complementares, entre outras. A pergunta aqui é: Quanto tempo você tem para estudar somente para o vestibular? Como já deu para perceber, aqui tem uma maneira específica para aprender.

- ***Qual é o seu curso e a sua concorrência?*** A relevância de saber isto determina o tanto que você precisa aprender para passar na prova; e isto determina a quantidade de horas por dia de estudo. Exemplo: certamente, um estudante de um curso muito concorrido (80 candidatos/vaga) precisa aprender mais para acertar mais do que um outro aluno que prestará um curso com (3 candidatos/vaga). Lembre-se do capítulo anterior: vá pelo que te move e não pela facilidade. Depois de saber disto você precisa combinar o tempo que reservou do dia com a quantidade de matérias e acertos que sua carreira exige.

Receitinha de bolo:

Quanto tempo eu tenho no dia para estudar para o vestibular + Quantos acertos eu preciso para passar + Quanto tempo eu levo para aprender a matéria + Exercícios para ver meus acertos e erros = Superou as expectativas? Missão cumprida!
Próxima matéria.

- ***Seu grau de atenção:*** Uma vez que o vestibular — ou qualquer concurso — exija alta performance do candidato, é necessário que você se autoconheça, mesmo que você ingresse em qualquer cursinho preparatório por aí. Duas observações muito obvias para você pensar: A primeira: já reparou que no livro inteiro eu estou questionando sobre você? Se você se autoconhece? Você, você, você, tudo é você, porque é só você quem vai se levar para o próximo nível. A segunda diz respeito sobre quem? Adivinha? Muita gente diz assim: "Vou fazer este cursinho porque lá é bom! Vou fazer aquele outro por que ali é melhor!". Claro que eu, como professor, sei da potencialidade de um lugar bom e de outro ruim. Existe sim a diferença.

A grande verdade é que este ou aquele é responsável por 5% do seu estudo; os outros 95% são responsabilidade sua; ou seja, novamente você! Professor não faz milagre! Repara nisto: neste lugar bom, muita gente passa no vestibular, certo? Mas tem alguém ali que não passou? Outra: no lugar que não é tão bom, onde a maioria não passou, existe alguém ali que entrou, certo? Última: será que existem pessoas que estudam sozinhas e passaram no vestibular?

Claro que sim, para todas as questões!

Sempre depende muito mais do indivíduo do que da instituição. É um processo que, mesmo com o auxílio de instituições, você precisa ser autodidata.

- ***Seu entusiasmo ou trauma com a matéria:*** Isto parece bobeira, mas todo mundo tem uma matéria que ama e uma que odeia ou não gosta. O problema é que, neste vestibular, você precisa das duas!

Pergunta: você estuda a matéria que ama do mesmo jeito que estuda a matéria que odeia? Nem precisa responder a minha pergunta retórica! kkkkkk

Neste processo de autoconhecimento e autodidatismo, é necessário ser consciente desta etapa do processo também. Provavelmente, na matéria que você ama tem um assunto que você não curte e vice-versa.

É também muito provável que você tenha maior facilidade na matéria que você gosta. Então, se atente: aqui, você vai passar rápido e gabaritar os exercícios e não o contrário, como muitos fazem! Massagear o ego (emojis – a sua disposição, escolha o seu).

Qual a métrica você precisa ter para cada assunto? Faça uma bateria de exercícios sobre o assunto que acabou de estudar e veja se a sua nota corresponde à porcentagem necessária para passar no curso. Como estamos falando da matéria que você gosta, o lance aqui é gabaritar o exercício, como já disse; ou seja, acertar TODAS as questões.

Novamente: acertou?! PRÓXIMA MATÉRIA!

Agora, vamos falar das matérias que você não curte. É aqui que você vai gastar tempo! Provavelmente, vai ser a de maior dificuldade. Para isso, você precisa estar bem-disposto e atento. Lembre-se, você também precisa delas para passar. Qual é o medidor para saber se já está bom? O mesmo das matérias que você gosta! Gabaritar é sempre o melhor caminho, mas vai ter matérias difíceis mesmo disto acontecer, chegue numa média 7 pelo menos, dependendo do curso.

- **Seu ambiente de estudo:** Outra coisa que parece besta e que faz muita diferença. Lembra que tive que mudar de cidade para passar? O ambiente de estudo é muito importante, muito!

O grande mestre e músico **Dominguinhos,** numa entrevista, disse assim: **"Rapaz, tirar o instrumento da capa dá um trabalho!"**. Ele estava brincando, mas falando muito sério.

Deixar o instrumento fora da capa para ter a iniciativa de estudar é um hábito extremamente vencedor, quem é músico sabe do que estou falando. A luta aqui é interna, com a sua preguiça e procrastinação. Manooo, elas são muito fortes e, para te ajudar a combatê-las, o ambiente certo com tudo pronto será seu grande aliado. Confia!

Uma pergunta: por que será que todos os atletas, quando estão em fase de dieta, já deixam as marmitas da semana todas prontas? Pelo mesmo motivo que o Dominguinhos deixava a sanfona fora da capa. Facilitar o processo para vencer a preguiça e procrastinação!

Regras básicas (agora vocês me matam, rs!):
1. *SEM celular*
2. *Sem distrações*
3. *Lugar iluminado*
4. *Não estude deitado*
5. *Se tiver uma mesa e uma cadeira é muito bom!*

- **Seu foco:** Lá vem mais história... Fazer o que, né, gente *(Emoji neguinho de braço aberto + carinha amarela rindo com a mão na boca)?*

No final de uma palestra sobre déficit de atenção, ministrada por Renato Alves, uma pessoa foi reclamar ao palestrante que sofria de falta de atenção e que isso acabara de acontecer: *"Eu prestei mais atenção no click da caneta do menino ao lado do que em sua fala".* A resposta dele foi genial, dizendo que não foi falta de atenção na fala, e sim o foco excessivo na caneta do vizinho.

Quando temos foco em algo, o nível de aprendizado é muito alto e, o melhor de tudo, ganha-se a coisa mais valiosa que temos: O Tempo! Por isso, o tópico anterior fala do ambiente específico para que você produza e tenha o foco necessário.

Dicas básicas: Em qual horário você funciona melhor? Tem gente, como eu, que é da madrugada; tem outros; que são do dia. Qual o seu horário de maior atenção?

Ninguém consegue ficar por horas no mesmo lugar, sobre a mesma atividade, 100% focado sem treino. Logo, é preciso treinar. Fique meia hora, depois levante, vá até um outro local e volte para mais meia hora. Vá aumentando gradativamente para 35, 40, 45 minutos e assim por diante.

Eu, quando vou produzir — aqui na escrita deste livro, por exemplo —, escrevo praticamente em blocos de quarenta minutos. Depois, quebro com cinco minutos com qualquer outra atividade, depois volto para mais um bloco.

Com o tempo você começa a entrar no flow; aí, meus queridxs, vão se passar horas e você nem vai notar, pode acreditar!

Por quanto tempo?

Esta pergunta cabe aqui em dois sentidos: no macro e no micro. Por quanto tempo você tem que estudar na vida de vestibulando e por quanto tempo você tem que estudar por dia?

A primeira resposta é o título do livro: até passar no vestibular. A segunda, é até você aprender. Tem matéria que é difícil e vai precisar ser divida em partes.

Como disse no tópico acima, você estuda enquanto estiver focado; perdeu o foco? Você precisa descansar e voltar. Se atente para os sinais que seu corpo emite. É preferível uma hora bem estudada do que 8 horas sem foco algum.

O que estudar primeiro e por último?

Nos cursinhos onde lecionei, sempre quando falávamos de cronograma havia esta pergunta e a resposta aqui não é precisa. Lembra do foco? Lembra da qualidade do estudo? Agora, o mais importante: você já tem o cronograma na mão, o qual indica que matéria você precisa estudar no dia e em quanto tempo, não tem? Bom, se você seguiu todos esses passos e possui todas essas informações em mãos, avalie como está seu emocional a sua disposição do dia.

Sabe aquela frase: *"Eu tenho duas novidades para você: uma boa e uma ruim — qual você quer saber primeiro?"*. É tipo isto. Dependendo do dia, você vai querer começar pelas matérias difíceis e passar pela tortura primeiro; em outros, vai querer primeiro se divertir com as matérias que gosta para, depois, quebrar a cabeça! O importante aqui é deixar o mais difícil para o momento em que estiver mais relaxado e com maior tempo, pois exige maior energia.

Ah, um recado rápido: nesta vida não tem almoço grátis; ou seja, não tem essa de só estudar matéria fácil e que gosta, pois não está a fim de passar pela outra que é difícil *(emoji – carinha olhando pra cima com cara de aff!!!)*! Cresça, hein!

Vamos cumprir o combinado e passar por todas as matérias do dia, seja antes ou depois, e ponto final.

Como enxergar as pegadinhas nas questões de História?

Aqui vai um capítulo bônus para você! Claro que dá para usar esta técnica em outras matérias, mas aqui quero ser assertivo e falar sobre a matéria que realmente domino.

Já ouviu falar do jogo dos 7 erros? Já explico o motivo. Quando você vai procurar qualquer objeto numa sala, se eu te disser que é redondo ajuda? E se eu disser que é uma bola, ajuda? Uma bola de futebol laranja fluorescente, melhorou? Quanto maior informação, melhor né?! Você, quando for procurar a bola, já vai com a cor laranja fluorescente na cabeça. É exatamente isto, filho!

Agora, vamos ao vestibular: já aconteceu de você ficar em dúvida entre duas alternativas? Pior: achar que todas elas parecem corretas? Isto é feito propositalmente.

Lembra que existem mais candidatos do que vagas? A banca faz as questões precisando eliminar muitas pessoas; logo, ela pensa em te pegar para você errar! O trabalho deles lá é exatamente ao contrário do meu aqui: eles criam as pegadinhas para você cair, e eu te ensino a sair de todas elas. Eles precisam que você **não** passe e **EU TE ENSINO A PASSAR!!! E VOCÊ VAI!!!!!**

Ok, Marcelo, mas qual a relação com o jogo dos erros?

Quando você ler uma questão com os erros na cabeça, é como procurar a bola laranja fluorescente.

Jogo dos 4 erros: Você caça os 4 erros existentes, cada um numa alternativa; logo, sobra a questão que você vai assinalar, que é o que o exercício pede!

Tenho experiência de 13 anos em cursinhos pré-vestibulares e esta técnica, aliada ao conhecimento da matéria, só tem um resultado: GABARITAR a prova de História. Minha última sala, com mais de 80 alunos no vestibular do Enem de 2019, teve por volta 90% de alunos que gabaritaram a parte de História *(obrigado, eu realmente sou demais!!! Beijos no ombro)* kkkkkk!!

Brincadeiras à parte, conhecer a matéria e ir para a leitura com a atenção nos erros é primordial em questões alternativas.

Cuidado com: ***sempre, nunca, não, tudo, todos, etc, contidos nas alternativas, indicando totalidade ou negativa.***

Exemplo: A respeito da Pré-história é correto afirmar que:
a) *Toda* a Pré-história aconteceu no período Paleolítico.
b) A Pré-história, por acontecer antes da história, *não* é considerada como algo verídico.
c) Os homens deste período *nunca* evoluíram tecnologicamente.
d) A alimentação da época era *somente* frutas e verduras.
e) A Pré-história é dividida em três períodos: Paleolítico, Mesolítico e Neolítico.

Resposta certa: **E**

Sacou?! Todas as outras possuem afirmações totalizantes.

Como ler as questões?

Outra atividade que alunos antigos de cursinho fazem constantemente. Técnicas para a leitura de questão. A prova do Enem é mestra em fazer textos longos que matam muito o seu tempo.

Primeira coisa que você precisa fazer é ler as questões. A pergunta cita o texto ou diz ***segundo os textos acima*** ou algo do tipo? Se houver isto, volte imediatamente ao texto e leia com atenção; agora, se não houver, provavelmente você consiga responder sem ler o texto e economiza tempo de prova! Fica a dica *(emoji – carinha amarela piscando –click)!*

Roteiro: Primeiro a pergunta, depois o texto, caso haja necessidade, depois as questões com o jogo dos 4 erros.

E simulado, realmente me interessa?

Por fim, a cereja do bolo!! Crème de la crème!!! SIMULADO!
Este é o medidor de pressão; o termômetro da sua febre; a azeitona da sua empada; o recheio mais mais da sua Trakinas; o último quadradinho do seu chocolate. Deu pra entender?! O simulado é fundamental! Ele **S I M U L A** a prova. Pegou? **SI-MU-LA.** Sabe aquela da hora da verdade?! Huuuum...

Já ouviu falar da teoria das 10 mil horas para se tornar especialista? É assim: para se tornar especialista em qualquer atividade você precisa de 10 mil horas de prática. Claro que não é preciso 10 mil horas de vestibular para passar, mas o seu ditado aqui é: **quanto mais pratica, mais sortudo fica!**

O problema é o seguinte: você está treinando as matérias do conteúdo há pelo menos 11 anos da sua vida escolar, mas a maneira como são cobradas no vestibular, não!
Exemplo: você sabe correr e sempre correu com seus amigos, mas agora você está disputando uma maratona; o pega-pega que você corria com seus amigos é o suficiente para você vencer?!

Então, vamos dividir sua vida estudantil para o vestibular em duas: **aprender o conteúdo** (correr) e o **simulado** (maratona).
Conteúdo + simulado = treino para maratona.

É com o simulado que você terá a medida mais próxima do quanto você está perto ou longe do seu objetivo.

Exemplo: A nota de corte é **63** e já nos últimos 5 simulados você acertou **70 questões**. Boooa... Continue assim, na mesma batida! Ou, a sua nota de corte continua a mesma **63** e nos últimos 5 simulados você acertou **55 questões:** você está perto, mas ainda falta.

Aí, você analisa: em qual matéria eu mais errei? Errei questões fáceis ou difíceis? Foi falta de atenção? Qual matéria aqui eu não sei direito? Entendeu como ele é seu termômetro? Sua bússola, meus queridxs!

 A última dica de **ouro reforçando o que já disse**: *para cada* **conteúdo** *aprendido, você precisa de uma* **bateria de exercícios** *e, para cada* **conjunto de matérias,** *você precisa de* **um simulado.** Muito importante você colocar **tempo** para executar. Treinamento, para simular a prova mesmo!

Para quem já está no segundo ano de cursinho, uma vez que você já passou por todos os conteúdos, o conselho é de 2 simulados por mês. Um a cada 15 dias.
Para quem está no primeiro ano, se você seguir a lógica de 1 simulado por mês, terá em média 10 simulados antes da prova. Para o povo do segundo ano, 20 simulados, e assim por diante.

Existem alunos que disputam vestibulares concorridos e já são veteranos no cursinho, que fazem simulados semanalmente, você acha mesmo que eles não sabem o que estão fazendo?!

Já sabem a matéria e estão masterizando o treino para o vestibular. São aqueles casos de notas altíssimas no vestibular. Agora fica meio óbvio né?!

Conclusão

Eu realmente espero que este e-book tenha elucidado alguns pontos para que você inicie sua vida como vestibulando ou, caso já sejam um, que você masterize seus estudos.

Todos os alunos que passam no vestibular possuem métodos! Dificilmente passa uma pessoa sem método algum, os chamados gênios. Existem, mas são exceções à regra!

Observou que antes de qualquer conteúdo vem o seu autoconhecimento, sua organização e disciplina? A maneira focada de aprendizagem e a estatística dos erros e acertos com os simulados te levarão para o próximo nível de estudo!

Com este método e seu empenho, tenho certeza de que você superará o abalo emocional da prova e conseguirá realizar o sonho de ter a profissão que escolheu!

Quero te encontrar mais tarde lá, na faculdade, com seu depoimento de pessoa com o sonho realizado!

Boa sorte e bons estudos!!!
 Até o próximo e-book!

Um abraço de seu professor,
 Cello Oliveira.

Continue...
Até Passar!!!

Vamo que dá!!!

Pla
Ne
To
Men
Ja
Até Passar!
Cello Oliveira

Lista de itens para seu planejamento

Monte seu planejamento e cole no máximo de lugares que você frequenta possível.
Lembre-se faremos 4 planejamentos: anual, mensal, semanal e diário. Nesta ordem, do macro ao micro.

- Divida o conteúdo por matéria: História, Biologia, Geografia, Matémática etc.

- Subdivida as matérias. Ex: História (Brasil /Geral) e assim por diante.

- Enumere quantos temas existem em cada matéria com suas subdivisões. Geralmente em História são quase 42 temas juntando as duas frentes Brasil e Geral. Ex: Feudalismo, Renascimento cultural, Grandes Navegações, Era Vargas etc.

- Divida todo esse compilado de matéria pelo ano. Se começou em março, divida pelos 10 meses restantes. Quantas e quais matéria vai ser naquele mês? e no seguinte? assim por diante. Geralmente nos materiais didáticos existem a ordem cronológica para cada matéria. Use como base para o seu planejamento, assim você se conscientiza da quantidade de matéria que precisa aprender.

- Divida as matérias mensais por semanas

- Dividas as matérias semanais por dias

- Os exercícios que vocês fazem no final de cada matéria, não conta como simulado e sim como reforço do aprendizado do conteúdo.

- Feito todo este trabalho o próximo passo é extremamente importante. Qual vestibular você prestará? Este será a base de seus simulados, sobretudo se você já está no segundo ano do seus estudos para o vestibular e já estudou todas as matérias. Exemplo: Você quer estudar na Unesp, logo você irá baixar as **10 últimas provas** da Unesp e fazer **uma por mês**. Dois fatores importantes: Se você está no primeiro ano de cursinho ou estudando em casa, provavelmente nestas provas haverão muitas questões que você ainda não reaprendeu no seu cursinho, mas fatalmente já viu no seu colégio. Normal, procure fazer o que não souber corra atrás na internet, com amigo, plantonista etc. O outro fator importante é especialize na prova do vestibular que você queira entrar, cada um tem um modo de cobrar, não adianta estudar todas as questões do conteúdo em diversas provas distintas se a sua intenção é entrar em uma Universidade específica. Exemplo: embora sejam parecidas, as questões da Unicamp são diferentes da Usp, que por sua vez é diferente da Uel e assim por diante. Mire nos vestibulares que você queira entrar.

- Agora sim, com tudo isto em mãos, você tem que se perguntar: Quanto tempo eu tenho por dia para estudar as matérias diárias? Agora o movimento é inverso: estude as matérias diárias para bater as metas semanais, depois as mensais e por fim a meta do ano.

Bom estudos!

Até passar

www.ingramcontent.com/pod-product-compliance
Lightning Source LLC
Chambersburg PA
CBHW060917130726

48001CB00006B/2278